PCC

Breve storia dell'ascesa, del regno, dell'ideologia e delle controversie del Partito Comunista Cinese; Mao Zedung, Xi Jinping e altro ancora

Dichiarazione di non responsabilità

Introduzione

Il Partito Comunista Cinese (PCC), ufficialmente Partito Comunista della Cina (PCC), è il partito fondatore e unico partito di governo della Repubblica Popolare Cinese (RPC). Sotto la guida di Mao Zedong, il PCC uscì vittorioso dalla guerra civile cinese contro il Kuomintang. Nel 1949, Mao proclamò l'istituzione della Repubblica Popolare Cinese. Da allora, il PCC governa la Cina e ha il controllo esclusivo dell'Esercito Popolare di Liberazione (PLA). Ogni leader successivo del PCC ha aggiunto le proprie teorie alla costituzione del partito, che delinea l'ideologia del partito, collettivamente indicata come socialismo con caratteristiche cinesi. Nel 2022, il PCC contava più di 96 milioni di membri, diventando così il secondo partito politico al mondo per numero di iscritti dopo il Bharatiya Janata Party dell'India.

Nel 1921, Chen Duxiu e Li Dazhao guidarono la fondazione del PCC con l'aiuto dell'Ufficio dell'Estremo Oriente del Partito Comunista dell'Unione Sovietica e del Segretariato dell'Estremo Oriente dell'Internazionale Comunista. Per i primi sei anni della sua storia, il PCC si allineò con il Kuomintang (KMT) come ala sinistra

organizzata del più ampio movimento nazionalista.
Tuttavia, quando l'ala destra del KMT, guidata da Chiang
Kai-shek, si rivoltò contro il PCC e massacrò decine di
migliaia di membri del partito, i due partiti si divisero e
iniziarono una prolungata guerra civile. Durante i dieci anni
successivi di guerriglia, Mao Zedong divenne la figura più
influente del PCC e il partito stabilì una forte base tra i
contadini con le sue politiche di riforma agraria. Il sostegno
al PCC continuò a crescere durante la Seconda guerra
sino-giapponese e, dopo la resa giapponese nel 1945, il
PCC emerse trionfante nella rivoluzione comunista contro
il governo del KMT. Dopo la ritirata del KMT a Taiwan, il
PCC istituì la Repubblica Popolare Cinese il 1° ottobre
1949.

Mao Zedong continuò a essere il membro più influente del
PCC fino alla sua morte, avvenuta nel 1976, anche se si
ritirò periodicamente dalla leadership pubblica a causa del
declino della sua salute. Sotto Mao, il partito completò il
programma di riforma agraria, lanciò una serie di piani
quinquennali e alla fine si separò dall'Unione Sovietica.
Sebbene Mao abbia tentato di epurare il partito dagli
elementi capitalisti e reazionari durante la Rivoluzione
culturale, dopo la sua morte queste politiche sono state

portate avanti solo per breve tempo dalla Banda dei Quattro, prima che una fazione meno radicale prendesse il controllo. Negli anni Ottanta, Deng Xiaoping allontanò il PCC dall'ortodossia maoista e lo indirizzò verso una politica di liberalizzazione economica. La spiegazione ufficiale di queste riforme era che la Cina si trovava ancora nella fase primaria del socialismo, uno stadio di sviluppo simile al modo di produzione capitalistico. Dal crollo del blocco orientale e dalla dissoluzione dell'Unione Sovietica nel 1991, il PCC ha enfatizzato le sue relazioni con i partiti di governo dei rimanenti Stati socialisti e continua a partecipare ogni anno all'Incontro internazionale dei partiti comunisti e operai. Il PCC ha anche stabilito relazioni con diversi partiti non comunisti, tra cui i partiti nazionalisti dominanti di molti Paesi in via di sviluppo in Africa, Asia e America Latina, nonché i partiti socialdemocratici in Europa.

Il Partito Comunista Cinese è organizzato sulla base del centralismo democratico, un principio che prevede la discussione aperta della politica a condizione che i membri del partito siano uniti nel sostenere la decisione concordata. Il massimo organo del PCC è il Congresso nazionale, convocato ogni cinque anni. Quando il

Congresso nazionale non è in sessione, l'organo più alto è il Comitato centrale, ma poiché quest'ultimo si riunisce di solito solo una volta all'anno, la maggior parte dei compiti e delle responsabilità sono affidati al Politburo e al suo Comitato permanente. I membri di quest'ultimo sono considerati i vertici del partito e dello Stato. Oggi il leader del partito ricopre le cariche di segretario generale (responsabile dei compiti civili del partito), presidente della Commissione militare centrale (CMC) (responsabile degli affari militari) e presidente dello Stato (una posizione in gran parte cerimoniale). Grazie a queste cariche, il leader del partito è considerato il capo supremo del Paese. L'attuale leader è Xi Jinping, eletto al 18° Congresso nazionale tenutosi dall'8 al 15 novembre 2012 e che ha mantenuto la sua posizione al 19° Congresso nazionale del 2017 e al 20° Congresso nazionale del 2022.

Indice dei contenuti

Storia del PCC

Fondazione e storia iniziale

Il PCC trae le sue origini dal Movimento del Quarto Maggio del 1919, durante il quale ideologie occidentali radicali come il marxismo e l'anarchismo hanno guadagnato terreno tra gli intellettuali cinesi. Altre influenze derivanti dalla rivoluzione bolscevica e dalla teoria marxista hanno ispirato il PCC. Chen Duxiu e Li Dazhao furono tra i primi a sostenere pubblicamente il leninismo e la rivoluzione mondiale. Entrambi consideravano la Rivoluzione d'Ottobre in Russia come una svolta epocale, ritenendola foriera di una nuova era per i Paesi oppressi di tutto il mondo. I circoli di studio erano, secondo Cai Hesen, "i rudimenti [del nostro partito]". Durante il Movimento per la Nuova Cultura furono fondati diversi circoli di studio, ma nel 1920 molti erano scettici sulla loro capacità di portare avanti le riforme.

Il PCC è stato fondato il 1° luglio 1921 con l'aiuto dell'Ufficio dell'Estremo Oriente del Partito Comunista dell'Unione Sovietica e del Segretariato dell'Estremo Oriente dell'Internazionale Comunista, secondo il resoconto ufficiale del partito sulla sua storia. Tuttavia, i documenti del partito suggeriscono che la data di fondazione effettiva del partito sia stata il 23 luglio 1921, il primo giorno del 1° Congresso nazionale del PCC. Il Congresso nazionale di fondazione del PCC si tenne dal 23 al 31 luglio 1921. Con soli 50 membri all'inizio del 1921, tra cui Chen Duxiu, Li Dazhao e Mao Zedong, l'organizzazione e le autorità del PCC crebbero enormemente. Sebbene inizialmente si tenesse in una casa nella Concessione francese di Shanghai, la polizia francese interruppe la riunione il 30 luglio e il congresso fu spostato in una barca da turismo sul Lago Sud a Jiaxing, nella provincia di Zhejiang. Al congresso parteciparono una dozzina di delegati, senza che né Li né Chen potessero partecipare; quest'ultimo inviò un rappresentante personale in sua vece. Le risoluzioni del congresso chiesero la creazione di un partito comunista come ramo dell'Internazionale Comunista (Comintern) ed elessero Chen come suo leader. Chen fu quindi il primo segretario generale del Partito Comunista e fu definito "il Lenin della Cina".

I sovietici speravano di promuovere forze filo-sovietiche in Asia orientale per combattere i Paesi anticomunisti, in

9

particolare il Giappone. Tentarono di contattare il signore della guerra Wu Peifu, ma non ci riuscirono. I sovietici contattarono allora il Kuomintang (KMT), che guidava il governo di Guangzhou parallelamente a quello di Beiyang. Il 6 ottobre 1923, il Comintern inviò Mikhail Borodin a Guangzhou e i sovietici stabilirono relazioni amichevoli con il KMT. Il Comitato Centrale del PCC, il leader sovietico Joseph Stalin e il Comintern speravano che il PCC avrebbe finito per controllare il KMT e chiamavano i loro avversari "di destra". Il leader del KMT Sun Yat-sen attenuò il conflitto tra i comunisti e i loro oppositori. Dopo il 4° congresso del 1925, i membri del PCC crebbero enormemente, passando da 900 a 2.428. Il PCC considera tuttora Sun Yat-sen come uno dei fondatori del movimento e ne rivendica la discendenza, poiché è considerato un proto-comunista e l'elemento economico dell'ideologia di Sun era il socialismo. Sun ha dichiarato: "Il nostro principio di sussistenza è una forma di comunismo".

I comunisti dominavano l'ala sinistra del KMT e lottavano per il potere con le fazioni di destra del partito. Quando Sun Yat-sen morì nel marzo 1925, gli succedette un uomo di destra, Chiang Kai-shek, che avviò iniziative per emarginare la posizione dei comunisti. Chiang, ex assistente di Sun, all'epoca non era attivamente anticomunista, anche se odiava la teoria della lotta di classe e la presa di potere del PCC. I comunisti proposero di togliere il potere a Chiang. Quando Chiang ottenne gradualmente il sostegno dei Paesi occidentali, il conflitto tra lui e i comunisti divenne sempre più intenso. Chiang chiese al Kuomintang di aderire al Comintern per escludere l'espansione segreta dei comunisti all'interno del KMT, mentre Chen Duxiu sperava che i comunisti si ritirassero completamente dal KMT.

Nell'aprile del 1927, sia Chiang che il PCC si stavano preparando al conflitto. Fresco del successo della Spedizione del Nord per rovesciare i signori della guerra, Chiang Kai-shek si scagliò contro i comunisti, che ormai erano decine di migliaia in tutta la Cina. Ignorando gli ordini del governo del KMT di Wuhan, marciò su Shanghai, una città controllata dalle milizie comuniste. Sebbene i comunisti avessero accolto con favore l'arrivo di Chiang, egli si rivoltò contro di loro, massacrandone 5.000 con l'aiuto della Banda Verde. L'esercito di Chiang marciò poi su Wuhan, ma fu impedito di prendere la città dal generale del PCC Ye Ting e dalle sue truppe. Gli alleati di Chiang attaccarono anche i comunisti; ad esempio, a Pechino, Li

Dazhao e altri 19 comunisti di spicco furono giustiziati da Zhang Zuolin. Infuriato da questi eventi, il movimento contadino sostenuto dal PCC divenne più violento. Ye Dehui, un famoso studioso, fu ucciso dai comunisti a Changsha e, per vendicarsi, il generale del KMT He Jian e le sue truppe uccisero centinaia di miliziani contadini. Quel maggio, decine di migliaia di comunisti e di loro simpatizzanti furono uccisi dalle truppe del KMT e il PCC perse circa 15.000 dei suoi 25.000 membri.

Guerra civile cinese e seconda guerra sino-giapponese

Il PCC continuò a sostenere il governo del KMT di Wuhan, ma il 15 luglio 1927 il governo di Wuhan espulse tutti i comunisti dal KMT. Il PCC reagì fondando l'Armata Rossa dei Lavoratori e dei Contadini della Cina, meglio nota come "Armata Rossa", per combattere il KMT. Un battaglione guidato dal generale Zhu De ricevette l'ordine di conquistare la città di Nanchang il 1° agosto 1927, in quella che divenne nota come la rivolta di Nanchang. Inizialmente vittoriosi, Zhu e le sue truppe furono costretti a ritirarsi dopo cinque giorni, marciando verso sud fino a Shantou e da lì spinti nelle terre selvagge del Fujian. Mao

Zedong fu nominato comandante in capo dell'Armata Rossa e guidò quattro reggimenti contro Changsha nella Rivolta del Raccolto d'Autunno, sperando di scatenare le rivolte contadine in tutto lo Hunan. Il suo piano prevedeva di attaccare la città in mano al KMT da tre direzioni il 9 settembre, ma il Quarto Reggimento disertò per la causa del KMT, attaccando il Terzo Reggimento. L'esercito di Mao arrivò a Changsha ma non riuscì a conquistarla; il 15 settembre accettò la sconfitta e i 1.000 sopravvissuti marciarono verso est fino alle montagne Jinggang del Jiangxi.

La quasi distruzione dell'apparato organizzativo urbano del PCC portò a cambiamenti istituzionali all'interno del partito. Il partito adottò il centralismo democratico, un modo di organizzare i partiti rivoluzionari, e istituì un politburo che funzionava come comitato permanente del comitato centrale. Il risultato fu una maggiore centralizzazione del potere all'interno del partito. A tutti i livelli del partito si è ripetuto questo processo, con i comitati permanenti che ora esercitano un controllo effettivo. Dopo essere stato espulso dal partito, Chen Duxiu si mise alla guida del movimento trotskista cinese. Li Lisan riuscì ad assumere il controllo *de facto* dell'organizzazione del partito nel 1929-

13

1930. La leadership di Li fu un fallimento, lasciando il PCC sull'orlo della distruzione. Il Comintern venne coinvolto e alla fine del 1930 gli furono tolti i poteri. Nel 1935 Mao era diventato membro del Comitato permanente del Politburo del PCC e leader militare informale del partito, mentre Zhou Enlai e Zhang Wentian, il capo formale del partito, erano i suoi vice informali. Il conflitto con il KMT portò alla riorganizzazione dell'Armata Rossa, con il potere ora centralizzato nella leadership attraverso la creazione di dipartimenti politici del PCC incaricati di supervisionare l'esercito.

L'incidente di Xian del dicembre 1936 mise in pausa il conflitto tra il PCC e il KMT. Sotto la pressione del maresciallo Zhang Xueliang e del PCC, Chiang Kai-shek acconsentì infine a un Secondo Fronte Unito incentrato sulla repressione degli invasori giapponesi. Sebbene il fronte sia rimasto formalmente in piedi fino al 1945, la collaborazione tra i due partiti era di fatto terminata nel 1940. Nonostante l'alleanza formale, il PCC sfruttò l'opportunità di espandersi e di ritagliarsi basi operative indipendenti per prepararsi all'imminente guerra con il KMT. Nel 1939 il KMT iniziò a limitare l'espansione del PCC in Cina. Questo portò a frequenti scontri tra le forze del PCC e del KMT, che si placarono rapidamente quando entrambe le parti si resero conto che la guerra civile in mezzo a un'invasione straniera non era un'opzione. Nel 1943, il PCC stava di nuovo espandendo attivamente il proprio territorio a spese del KMT.

Mao Zedong divenne presidente del PCC nel 1945. Dopo la resa del Giappone nel 1945, la guerra tra il PCC e il KMT ricominciò seriamente. Il periodo 1945-49 si articola in quattro fasi: la prima va dall'agosto 1945 (quando i giapponesi si arresero) al giugno 1946 (quando si conclusero i colloqui di pace tra il PCC e il KMT). Nel 1945, il KMT aveva un numero di soldati sotto il suo comando tre volte superiore a quello del PCC e inizialmente sembrava prevalere. Con la cooperazione di Stati Uniti e Giappone, il KMT riuscì a riconquistare gran parte del Paese. Tuttavia, il governo del KMT sui territori riconquistati si rivelò impopolare a causa della sua endemica corruzione politica. Nonostante la superiorità numerica, il KMT non riuscì a riconquistare i territori rurali che costituivano la roccaforte del PCC. Nello stesso periodo, il PCC lanciò un'invasione della Manciuria, con l'assistenza dell'Unione Sovietica. La seconda fase, che durò dal luglio 1946 al giugno 1947, vide il KMT estendere il suo controllo sulle

15

principali città, come Yan'an, sede del PCC, per gran parte della guerra. I successi del KMT furono vani: il PCC si era ritirato tatticamente dalle città e aveva invece minato il governo del KMT istigando le proteste di studenti e intellettuali. Il KMT rispose a queste manifestazioni con una pesante repressione. Nel frattempo, il KMT era alle prese con lotte tra fazioni e con il controllo autocratico di Chiang Kai-shek sul partito, che ne indeboliva la capacità di rispondere agli attacchi. La terza fase, che durò dal luglio 1947 all'agosto 1948, vide una controffensiva limitata da parte del PCC. L'obiettivo era lo sgombero della "Cina centrale, il rafforzamento della Cina settentrionale e il recupero della Cina nord-orientale". Questa operazione, unita alle diserzioni militari del KMT, fece sì che il KMT perdesse 2 milioni dei suoi 3 milioni di soldati entro la primavera del 1948 e vide un significativo calo del sostegno al governo del KMT. Il PCC fu quindi in grado di tagliare le guarnigioni del KMT in Manciuria e di riconquistare diversi territori. L'ultima fase, che durò dal settembre 1948 al dicembre 1949, vide i comunisti passare all'offensiva e il crollo del KMT in tutta la Cina continentale. La proclamazione da parte di Mao della fondazione della Repubblica Popolare Cinese, il 1° ottobre 1949, segnò la fine della seconda fase della Guerra Civile Cinese (o

Rivoluzione Comunista Cinese, come viene chiamata dal PCC).

La proclamazione della RPC e gli anni '50

Mao proclama la fondazione della Repubblica Popolare Cinese (RPC) davanti a un'enorme folla in Piazza Tienanmen il 1° ottobre 1949. Il PCC era a capo del governo centrale del popolo. Da quel momento fino agli anni '80, i massimi dirigenti del PCC (come Mao Zedong, Lin Biao, Zhou Enlai e Deng Xiaoping) erano in gran parte gli stessi leader militari precedenti alla fondazione della RPC. Di conseguenza, i legami personali informali tra leader politici e militari hanno dominato le relazioni civili-militari.

Stalin propose una costituzione monopartitica quando Liu Shaoqi visitò l'Unione Sovietica nel 1952. La Costituzione della RPC del 1954 ha poi abolito il precedente governo di coalizione e ha istituito il sistema monopartitico del PCC. All'ottavo congresso del PCC del 1956, Mao disse che la Cina avrebbe dovuto implementare un sistema multipartitico sotto la guida del PCC. Non aveva mai fatto una proposta del genere, ma il PCC mantenne comunque

17

la maggior parte del suo potere politico anche dopo l'annuncio. Nel 1957, il PCC lanciò la Campagna anti-destra contro i dissidenti politici e le figure di spicco dei partiti minori, che portò alla persecuzione politica di almeno 550.000 persone. La campagna danneggiò in modo significativo la limitata natura pluralistica della Repubblica socialista e consolidò lo status del Paese come Stato monopartitico *de facto*.

La campagna anti-destra portò ai risultati catastrofici del Secondo Piano Quinquennale dal 1958 al 1962, noto come Grande Balzo in Avanti. Nel tentativo di trasformare il Paese da un'economia agricola a una industrializzata, il PCC collettivizzò i terreni agricoli, formò delle comuni popolari e dirottò la manodopera verso le fabbriche. La cattiva gestione generale e l'esagerazione dei raccolti da parte dei funzionari del PCC portarono alla Grande carestia cinese, che secondo le stime causò dai 15 ai 45 milioni di morti, diventando la più grande carestia della storia.

Scissione sino-sovietica e Rivoluzione Culturale

Durante gli anni '60 e '70, il PCC sperimentò una significativa separazione ideologica dal Partito Comunista dell'Unione Sovietica, che stava attraversando un periodo di "de-stalinizzazione" sotto Nikita Krusciov. A quel punto, Mao aveva iniziato ad affermare che la "rivoluzione continuata sotto la dittatura del proletariato" prevedeva che i nemici di classe continuassero ad esistere anche se la rivoluzione socialista sembrava completata, portando alla Rivoluzione culturale, durante la quale milioni di persone furono perseguitate e uccise. Durante la Rivoluzione culturale, leader del partito come Liu Shaoqi, Deng Xiaoping, Peng Dehuai e He Long furono epurati o esiliati e la Banda dei Quattro, guidata dalla moglie di Mao, Jiang Qing, emerse per colmare il vuoto di potere lasciato.

Le riforme sotto Deng Xiaoping

Dopo la morte di Mao nel 1976, scoppiò una lotta per il potere tra il presidente del PCC Hua Guofeng e il vicepresidente Deng Xiaoping. Deng vinse la lotta e divenne il leader principale della Cina nel 1978. Deng, insieme a Hu Yaobang e Zhao Ziyang, ha guidato le politiche di "riforma e apertura" e ha introdotto il concetto ideologico di socialismo con caratteristiche cinesi, aprendo la Cina ai mercati mondiali. Invertendo alcune delle politiche "di sinistra" di Mao, Deng sostenne che uno Stato socialista poteva utilizzare l'economia di mercato senza essere esso stesso capitalista. Pur affermando il potere politico del PCC, il cambiamento di politica generò una crescita economica significativa. Il cambiamento era giustificato dal fatto che "la pratica è l'unico criterio per la verità", un principio rafforzato da un articolo del 1978 che mirava a combattere il dogmatismo e a criticare la politica dei "due che non c'entrano". La nuova ideologia, tuttavia, fu contestata da entrambi i lati dello spettro, dai maoisti a sinistra della leadership del PCC e da coloro che sostenevano la liberalizzazione politica. Insieme ad altri fattori sociali, i conflitti culminarono nelle proteste e nel massacro di Piazza Tienanmen del 1989. Dopo aver represso le proteste e messo agli arresti domiciliari il segretario generale del partito riformista Zhao Ziyang, le politiche economiche di Deng ripresero e all'inizio degli anni '90 fu introdotto il concetto di economia socialista di mercato. Nel 1997, le convinzioni di Deng (ufficialmente chiamate "Teoria di Deng Xiaoping") sono state inserite nella costituzione del PCC.

Ulteriori riforme sotto Jiang Zemin e Hu Jintao

20

Il segretario generale del PCC Jiang Zemin è succeduto a Deng come leader principale negli anni '90 e ha continuato la maggior parte delle sue politiche. Negli anni Novanta, il PCC si è trasformato da una leadership rivoluzionaria veterana che guidava sia militarmente che politicamente, a un'élite politica sempre più rinnovata secondo norme istituzionalizzate nella burocrazia civile. La leadership è stata in gran parte selezionata in base a regole e norme di promozione e pensionamento, al percorso di studi e alle competenze manageriali e tecniche. Esiste un gruppo in gran parte separato di ufficiali militari professionalizzati, che servono i vertici del Pcc in gran parte attraverso relazioni formali all'interno dei canali istituzionali.

Come parte dell'eredità nominale di Jiang Zemin, il PCC ha ratificato le "Tre Rappresentanze" per la revisione del 2003 della costituzione del partito, come "ideologia guida" per incoraggiare il partito a rappresentare "le forze produttive avanzate, il corso progressivo della cultura cinese e gli interessi fondamentali del popolo". La teoria ha legittimato l'ingresso nel partito di imprenditori privati e di elementi borghesi. Hu Jintao, successore di Jiang Zemin come segretario generale, è entrato in carica nel 2002. A differenza di Mao, Deng e Jiang Zemin, Hu ha posto l'accento sulla leadership collettiva e si è opposto al dominio unipersonale del sistema politico. L'insistenza nel concentrarsi sulla crescita economica ha portato a una vasta gamma di gravi problemi sociali. Per affrontarli, Hu ha introdotto due concetti ideologici principali: la "Prospettiva scientifica dello sviluppo" e la "Società socialista armoniosa". Hu si è dimesso dalla carica di segretario generale del PCC e di presidente del CMC in occasione del 18° Congresso nazionale tenutosi nel 2012, ed è stato succeduto in entrambe le cariche da Xi Jinping.

Leadership di Xi Jinping

Da quando è salito al potere, Xi ha avviato una campagna anticorruzione di ampio respiro, accentrando al contempo i poteri nella carica di segretario generale del PCC a scapito della leadership collettiva dei decenni precedenti. I commentatori hanno descritto la campagna come un elemento caratterizzante della leadership di Xi e come "la ragione principale per cui è stato in grado di consolidare il suo potere in modo così rapido ed efficace". I commentatori stranieri lo hanno paragonato a Mao. La leadership di Xi ha anche supervisionato un aumento del ruolo del Partito in Cina. Nel 2017 Xi ha inserito la sua ideologia, che porta il suo nome, nella costituzione del PCC. Come è stato ipotizzato, Xi Jinping non si è ritirato dai suoi incarichi di vertice dopo essere stato in carica per 10 anni nel 2022.

Dal 2014, il PCC ha condotto sforzi nello Xinjiang che hanno comportato la detenzione di oltre 1 milione di uiguri e di altre minoranze etniche in campi di internamento, oltre ad altre misure repressive. Questo è stato descritto come un genocidio dagli accademici e da alcuni governi. D'altra parte, un numero maggiore di Paesi ha firmato una lettera al Consiglio per i diritti umani, sostenendo le politiche come uno sforzo per combattere il terrorismo nella regione.

Le celebrazioni del 100° anniversario della fondazione del PCC, uno dei due centenari, si sono svolte il 1° luglio 2021.

Il 6 luglio 2021, Xi ha presieduto il Vertice del Partito Comunista Cinese e dei Partiti Politici Mondiali, che ha coinvolto i rappresentanti di 500 partiti politici di 160 Paesi. Xi ha esortato i partecipanti a opporsi ai "blocchi tecnologici" e al "disaccoppiamento dello sviluppo" per lavorare alla "costruzione di una comunità con un futuro condiviso per l'umanità".

Ideologia del PCC

Ideologia formale

L'ideologia di base del partito si è evoluta con ogni generazione di leadership cinese. Poiché sia il PCC che l'Esercito Popolare di Liberazione promuovono i propri membri in base all'anzianità, è possibile distinguere diverse generazioni di leadership cinese. Nel discorso ufficiale, ogni gruppo di leadership è identificato con un'estensione distinta dell'ideologia del partito. Gli storici hanno studiato vari periodi dello sviluppo del governo della Repubblica Popolare Cinese facendo riferimento a queste "generazioni".

Il marxismo-leninismo è stata la prima ideologia ufficiale del PCC. Secondo il PCC, "il marxismo-leninismo rivela le leggi universali che regolano lo sviluppo della storia della società umana". Per il PCC, il marxismo-leninismo fornisce una "visione delle contraddizioni della società capitalista e dell'inevitabilità di una futura società socialista e comunista". Secondo il *Quotidiano del Popolo*, il Pensiero di Mao Zedong "è il marxismo-leninismo applicato e sviluppato in Cina". Il Pensiero di Mao Zedong è stato concepito non solo da Mao Zedong, ma anche dai principali funzionari del Partito.

La teoria di Deng Xiaoping è stata aggiunta alla costituzione del partito al 14° Congresso nazionale del 1992. I concetti di "socialismo con caratteristiche cinesi" e "fase primaria del socialismo" sono stati accreditati alla teoria. La teoria di Deng Xiaoping può essere definita come la convinzione che il socialismo di Stato e la pianificazione statale non siano per definizione comunisti e che i meccanismi di mercato siano neutrali rispetto alle classi. Inoltre, il partito deve reagire ai cambiamenti della situazione in modo dinamico; per sapere se una certa politica è obsoleta o meno, il partito deve "cercare la verità dai fatti" e seguire lo slogan "la pratica è l'unico criterio per la verità". Al 14° Congresso nazionale, Jiang ha ribadito il mantra di Deng, secondo cui non era necessario chiedersi se qualcosa fosse socialista o capitalista, poiché il fattore importante era se funzionasse.

Le "Tre Rappresentanze", il contributo di Jiang Zemin all'ideologia del partito, sono state adottate dal partito al 16° Congresso nazionale. Le Tre Rappresentanze definiscono il ruolo del PCC e sottolineano che il Partito deve sempre rappresentare le esigenze di sviluppo delle forze produttive avanzate della Cina, l'orientamento della cultura avanzata cinese e gli interessi fondamentali della stragrande maggioranza del popolo cinese". Alcuni segmenti all'interno del PCC hanno criticato le Tre Rappresentanze in quanto non marxiste e un tradimento dei valori marxisti di base. I sostenitori la consideravano un ulteriore sviluppo del socialismo con caratteristiche cinesi. Jiang non era d'accordo e aveva concluso che il raggiungimento del modo di produzione comunista, così come formulato dai comunisti precedenti, era più complesso di quanto si fosse capito e che era inutile cercare di forzare un cambiamento nel modo di produzione, che doveva svilupparsi naturalmente, seguendo le leggi economiche della storia. La teoria si distingue soprattutto per aver permesso ai capitalisti, ufficialmente definiti "nuovi strati sociali", di aderire al partito sulla base del fatto che si impegnavano in un "lavoro onesto" e che con il loro lavoro contribuivano "alla costruzione del socialismo con caratteristiche cinesi".

Nel 2003 la 3a sessione plenaria del 16° Comitato centrale ha concepito e formulato l'ideologia della Prospettiva scientifica sullo sviluppo (SOD). È considerato il contributo di Hu Jintao al discorso ideologico ufficiale. Il SOD incorpora il socialismo scientifico, lo sviluppo sostenibile, il benessere sociale, una società umanistica, una maggiore democrazia e, in ultima analisi, la creazione di una società socialista armoniosa. Secondo le dichiarazioni ufficiali del PCC, il concetto integra "il marxismo con la realtà della Cina contemporanea e con le caratteristiche di fondo del nostro tempo, e incarna pienamente la visione del mondo e la metodologia marxista per lo sviluppo".

Il Pensiero di Xi Jinping sul socialismo con caratteristiche cinesi per una nuova era, comunemente noto come Pensiero di Xi Jinping, è stato aggiunto alla costituzione del partito nel XIX Congresso nazionale del 2017. Xi stesso ha descritto il pensiero come parte dell'ampio quadro creato intorno al socialismo con caratteristiche cinesi. Nella documentazione ufficiale del partito e nelle dichiarazioni dei colleghi di Xi, si dice che il Pensiero sia una continuazione delle precedenti ideologie del partito come parte di una serie di ideologie guida che incarnano "il marxismo adattato alle condizioni cinesi" e alle considerazioni contemporanee.

Il partito combina elementi di patriottismo socialista e
nazionalismo cinese.

Economia

Deng non credeva che la differenza fondamentale tra il
modo di produzione capitalista e quello socialista fosse la
pianificazione centrale contro il libero mercato. Disse:
"Un'economia pianificata non è la definizione di socialismo,
perché la pianificazione esiste anche nel capitalismo;
l'economia di mercato esiste anche nel socialismo. La
pianificazione e le forze di mercato sono entrambi modi di
controllare l'attività economica". Jiang Zemin sostenne il
pensiero di Deng e dichiarò in una riunione di partito che
non importava se un certo meccanismo fosse capitalista o
socialista, perché l'unica cosa che contava era che
funzionasse. Fu in occasione di questo incontro che Jiang
Zemin introdusse il termine economia socialista di
mercato, che sostituì quello di Chen Yun di "economia
socialista di mercato pianificata". Nella sua relazione al 14°
Congresso nazionale, Jiang Zemin disse ai delegati che lo
Stato socialista avrebbe "lasciato che le forze di mercato
giocassero un ruolo fondamentale nell'allocazione delle
risorse". Al 15° Congresso nazionale, la linea del partito è

29

stata cambiata in "far sì che le forze di mercato svolgano ulteriormente il loro ruolo nell'allocazione delle risorse"; questa linea è continuata fino alla 3° sessione plenaria del 18° Comitato centrale, quando è stata modificata in "far sì che le forze di mercato svolgano un ruolo *decisivo* nell'allocazione delle risorse". Ciononostante, la Terza sessione plenaria del 18° Comitato centrale ha mantenuto il credo "Mantenere il dominio del settore pubblico e rafforzare la vitalità economica dell'economia statale".

Il PCC vede il mondo come organizzato in due campi contrapposti: socialista e capitalista. Insiste sul fatto che il socialismo, sulla base del materialismo storico, finirà per trionfare sul capitalismo. Negli ultimi anni, quando è stato chiesto al partito di spiegare la globalizzazione capitalista in atto, il partito è tornato agli scritti di Karl Marx. Pur ammettendo che la globalizzazione si è sviluppata attraverso il sistema capitalista, i leader e i teorici del partito sostengono che la globalizzazione non è intrinsecamente capitalista. Il motivo è che se la globalizzazione fosse puramente capitalista, escluderebbe una forma alternativa di modernità socialista. La globalizzazione, come l'economia di mercato, non ha quindi un carattere di classe specifico (né socialista né capitalista), secondo il partito. L'insistenza sul fatto che la globalizzazione non ha una natura fissa deriva dall'insistenza di Deng sul fatto che la Cina può perseguire una modernizzazione socialista incorporando elementi di capitalismo. Per questo motivo, all'interno del PCC c'è un notevole ottimismo sul fatto che, nonostante l'attuale dominio capitalistico della globalizzazione, quest'ultima possa essere trasformata in un veicolo a sostegno del socialismo.

Analisi e critica del PCC

Mentre gli analisti stranieri sono generalmente d'accordo sul fatto che il PCC abbia rifiutato il marxismo-leninismo ortodosso e il pensiero di Mao Zedong (o almeno i pensieri di base all'interno del pensiero ortodosso), il PCC stesso non è d'accordo. I critici del PCC sostengono che Jiang Zemin abbia posto fine all'impegno formale del partito nei confronti del marxismo-leninismo con l'introduzione della teoria ideologica delle Tre Rappresentanze. Tuttavia, il teorico del partito Leng Rong non è d'accordo, sostenendo che "il presidente Jiang ha liberato il Partito dagli ostacoli ideologici ai diversi tipi di proprietà... Non ha rinunciato al marxismo o al socialismo. Ha rafforzato il Partito fornendo una comprensione moderna del marxismo e del socialismo - ed è per questo che parliamo di "economia socialista di mercato" con caratteristiche cinesi". Il raggiungimento del vero "comunismo" è ancora descritto come l'"obiettivo finale" del PCC e della Cina. Mentre il PCC sostiene che la Cina si trova nella fase primaria del socialismo, i teorici del partito sostengono che l'attuale fase di sviluppo "assomiglia molto al capitalismo". In alternativa, alcuni teorici del partito sostengono che "il capitalismo è il primo stadio del comunismo". Alcuni hanno liquidato il concetto di stadio primario del socialismo come cinismo intellettuale. Ad esempio, Robert Lawrence Kuhn, ex consigliere per gli affari esteri del governo cinese, ha dichiarato: "Quando ho sentito per la prima volta questo ragionamento, l'ho ritenuto più comico che intelligente, una caricatura ironica di propagandisti scribacchini fatta trapelare da cinici intellettuali. Ma l'orizzonte di 100 anni viene da teorici politici seri".

Il politologo e sinologo americano David Shambaugh sostiene che prima della campagna "La pratica è l'unico criterio per la verità", il rapporto tra ideologia e processo decisionale era di tipo deduttivo, ovvero il processo decisionale derivava dalla conoscenza ideologica. Tuttavia, sotto la guida di Deng questo rapporto è stato capovolto, con il processo decisionale che giustificava l'ideologia. I politici cinesi hanno descritto l'ideologia di Stato dell'Unione Sovietica come "rigida, priva di immaginazione, ossificata e scollegata dalla realtà", ritenendo che questa sia stata una delle ragioni della dissoluzione dell'Unione Sovietica. Pertanto, sostiene Shambaugh, i responsabili politici cinesi ritengono che l'ideologia del loro partito debba essere dinamica per salvaguardare il governo del partito.

33

Il sinologo britannico Kerry Brown sostiene che il PCC non ha un'ideologia e che l'organizzazione del partito è pragmatica e interessata solo a ciò che funziona. Il partito stesso si oppone a questa affermazione. Nel 2012 Hu Jintao ha dichiarato che il mondo occidentale "minaccia di dividerci" e che "la cultura internazionale dell'Occidente è forte, mentre noi siamo deboli...". I campi ideologici e culturali sono i nostri obiettivi principali". Per questo motivo, il PCC si impegna molto nelle scuole di partito e nell'elaborazione del suo messaggio ideologico.

La governance del PCC

Leadership collettiva

La leadership collettiva, l'idea che le decisioni vengano prese attraverso il consenso, è l'ideale del PCC. Il concetto trae origine da Lenin e dal Partito bolscevico russo. A livello di leadership centrale del partito, ciò significa che, ad esempio, tutti i membri del Comitato permanente del Politburo hanno pari dignità (ogni membro ha un solo voto). Un membro del Comitato permanente del Politburo spesso rappresenta un settore; durante il regno di Mao, controllava l'Esercito Popolare di Liberazione, Kang Sheng l'apparato di sicurezza e Zhou Enlai il Consiglio di Stato e il Ministero degli Affari Esteri. Questo vale come potere informale. Ciononostante, in una relazione paradossale, i membri di un organismo sono classificati gerarchicamente (nonostante il fatto che i membri siano in teoria uguali gli uni agli altri). Informalmente, la leadership collettiva è guidata da un "nucleo di leadership"; cioè il leader supremo, la persona che ricopre le cariche di segretario generale del PCC, presidente del CMC e presidente della RPC. Prima del mandato di Jiang Zemin come leader supremo, il nucleo del partito e la leadership collettiva erano indistinguibili. In pratica, il nucleo non era responsabile nei confronti della leadership collettiva. Tuttavia, all'epoca di Jiang, il partito aveva iniziato a propagandare un sistema di responsabilità, riferendosi ad esso nei pronunciamenti ufficiali come al "nucleo della leadership collettiva".

Centralismo democratico

Il principio organizzativo del PCC è il centralismo democratico, un principio che implica una discussione aperta della politica a condizione che i membri del partito siano uniti nel sostenere la decisione concordata. Si basa su due principi: democrazia (sinonimo, nel discorso ufficiale, di "democrazia socialista" e "democrazia interna al partito") e centralismo. Questo è stato il principio organizzativo guida del partito fin dal V Congresso nazionale, tenutosi nel 1927. Come recita la costituzione del partito, "il Partito è un organismo integrale organizzato secondo il suo programma e la sua costituzione e sulla base del centralismo democratico". Una volta Mao disse che il centralismo democratico era "allo stesso tempo democratico e centralizzato, con i due opposti apparenti della democrazia e della centralizzazione uniti in una

36

forma definita". Mao sosteneva che la superiorità del centralismo democratico risiedeva nelle sue contraddizioni interne, tra democrazia e centralismo, tra libertà e disciplina. Attualmente, il PCC sostiene che "la democrazia è l'ancora di salvezza del Partito, l'ancora di salvezza del socialismo". Ma perché la democrazia sia attuata e funzioni correttamente, è necessaria la centralizzazione. L'obiettivo del centralismo democratico non è quello di cancellare il capitalismo o le sue politiche, ma è invece il movimento per regolare il capitalismo coinvolgendo il socialismo e la democrazia. La democrazia in qualsiasi forma, sostiene il PCC, ha bisogno del centralismo, poiché senza centralismo non ci sarà ordine.

Shuanggui

Lo *shuanggui* è un processo disciplinare interno al partito condotto dalla Commissione centrale per l'ispezione della disciplina (CCDI). Questa istituzione di controllo interno, formalmente indipendente, conduce lo *shuanggui* sui membri accusati di "violazioni disciplinari", un'accusa che generalmente si riferisce alla corruzione politica. Il processo, che letteralmente si traduce in "doppia regolamentazione", mira a estorcere confessioni ai membri accusati di aver violato le regole del partito. Secondo la Fondazione Dui Hua, tattiche quali bruciature di sigarette, percosse e annegamento simulato sono tra quelle utilizzate per estorcere confessioni. Altre tecniche riportate includono l'uso di allucinazioni indotte; un soggetto sottoposto a questo metodo ha riferito che "alla fine ero così esausto che ho accettato tutte le accuse contro di me anche se erano false".

Fronte unito

Il PCC impiega una strategia politica che definisce "lavoro del fronte unito" che coinvolge gruppi e individui chiave che sono influenzati o controllati dal PCC e utilizzati per promuovere i suoi interessi. Il lavoro del fronte unito è gestito principalmente, ma non esclusivamente, dal Dipartimento del lavoro del fronte unito (UFWD). Il fronte unito è stato storicamente un fronte popolare che ha incluso otto partiti politici legalmente autorizzati insieme ad altre organizzazioni popolari che hanno una rappresentanza nominale nel Congresso nazionale del popolo e nella Conferenza consultiva politica del popolo cinese (CPPCC). Tuttavia, il CPPCC è un organo privo di potere reale. Anche se le consultazioni hanno luogo, sono supervisionate e dirette dal PCC. Sotto Xi Jinping, il fronte unito e i suoi obiettivi di influenza si sono ampliati in termini di dimensioni e portata.

Organizzazione del PCC

Organizzazione centrale

Il Congresso nazionale è l'organo più alto del partito e, dal 9° Congresso nazionale del 1969, viene convocato ogni cinque anni (prima del 9° Congresso veniva convocato su base irregolare). Secondo la costituzione del partito, un congresso non può essere rinviato se non "in circostanze straordinarie". Lo statuto del partito attribuisce al Congresso nazionale sei responsabilità:

1. eleggere il Comitato centrale;
2. eleggere la Commissione centrale per l'ispezione della disciplina (CCDI);
3. esaminare la relazione del Comitato centrale uscente;
4. esaminare la relazione del CCDI uscente;
5. discutere e attuare le politiche del partito; e,
6. revisione dello statuto del partito.

In pratica, i delegati raramente discutono a lungo di questioni durante i congressi nazionali. La maggior parte delle discussioni sostanziali avviene prima del congresso, nel periodo di preparazione, tra un gruppo di alti dirigenti del partito. Tra un Congresso Nazionale e l'altro, il Comitato Centrale è la massima istituzione decisionale. Il CCDI è responsabile della supervisione del sistema interno anticorruzione ed etico del partito. Tra un congresso e l'altro, il CCDI è sotto l'autorità del Comitato centrale.

Il Comitato centrale, in quanto massima istituzione decisionale del partito tra un congresso nazionale e l'altro, elegge diversi organi per svolgere il proprio lavoro. La prima sessione plenaria di un Comitato centrale appena eletto elegge il Segretario generale del Comitato centrale, leader del partito, la Commissione militare centrale (CMC), il Politburo, il Comitato permanente del Politburo (CPS) e, dal 2013, la Commissione centrale per la sicurezza nazionale (CNSC). Il primo plenum approva anche la composizione della Segreteria e la leadership del CCDI. Secondo la Costituzione del Partito, il Segretario generale deve essere un membro del Comitato permanente del Politburo (CPS) ed è responsabile della convocazione delle riunioni del CPS e del Politburo, oltre a presiedere il lavoro della Segreteria. Il Politburo "esercita le funzioni e i poteri del Comitato centrale quando non si riunisce il plenum". Il CPS è la massima istituzione decisionale del partito quando il Politburo, il Comitato centrale e il

Congresso nazionale non sono in sessione. Si riunisce almeno una volta alla settimana. È stato istituito in occasione dell'8° Congresso nazionale, nel 1958, per assumere il ruolo decisionale precedentemente svolto dalla Segreteria. Il Segretariato è il massimo organo di attuazione del Comitato centrale e può prendere decisioni all'interno del quadro politico stabilito dal Politburo; è anche responsabile della supervisione del lavoro delle organizzazioni che fanno capo direttamente al Comitato centrale, come ad esempio i dipartimenti, le commissioni, le pubblicazioni e così via. Il CMC è la più alta istituzione decisionale sugli affari militari all'interno del Partito e controlla le operazioni dell'Esercito Popolare di Liberazione. Da Jiang Zemin in poi, il segretario generale ricopre anche il ruolo di presidente della CMC. A differenza dell'ideale di leadership collettiva degli altri organi del partito, il presidente del CMC agisce come comandante in capo con piena autorità di nominare o licenziare a piacimento gli alti ufficiali militari. Il CNSC "coordina le strategie di sicurezza tra i vari dipartimenti, tra cui l'intelligence, le forze armate, gli affari esteri e la polizia, per far fronte alle crescenti sfide alla stabilità in patria e all'estero". Il segretario generale è il presidente del CNSC.

Il primo plenum del Comitato centrale elegge anche i capi dei dipartimenti, degli uffici, dei gruppi dirigenti centrali e di altre istituzioni per portare avanti il suo lavoro durante il mandato (per "mandato" si intende il periodo che intercorre tra un congresso nazionale e l'altro, di solito cinque anni). L'Ufficio generale è il "centro nevralgico" del partito, responsabile del lavoro amministrativo quotidiano, comprese le comunicazioni, il protocollo e la definizione degli ordini del giorno delle riunioni. Il PCC ha attualmente quattro dipartimenti centrali principali: il Dipartimento dell'Organizzazione, responsabile della supervisione delle nomine provinciali e del controllo dei quadri per le future nomine, il Dipartimento della Pubblicità (in precedenza "Dipartimento della Propaganda"), che supervisiona i media e formula la linea del partito nei confronti dei media, il Dipartimento Internazionale, che funziona come "ministero degli affari esteri" del partito con gli altri partiti, e il Dipartimento del Lavoro del Fronte Unito, che supervisiona il lavoro con i partiti non comunisti del Paese, le organizzazioni di massa e i gruppi di influenza al di fuori del Paese. Il CC ha anche il controllo diretto dell'Ufficio centrale di ricerca politica, responsabile della ricerca su questioni di interesse significativo per la leadership del partito, della Scuola centrale del partito, che fornisce

43

formazione politica e indottrinamento ideologico nel pensiero comunista ai quadri di alto livello e a quelli in ascesa, del Centro di ricerca storica del partito, che stabilisce le priorità per la ricerca scientifica nelle università statali e nella Scuola centrale del partito, e dell'Ufficio di compilazione e traduzione, che studia e traduce le opere classiche del marxismo. Il quotidiano del partito, il *Quotidiano del Popolo*, è sotto il diretto controllo del Comitato Centrale e viene pubblicato con l'obiettivo di "raccontare buone storie sulla Cina e sul (Partito)" e di promuovere il suo leader. Le riviste teoriche *Seeking Truth from Facts* e *Study Times* sono pubblicate dalla Scuola Centrale del Partito. Il China Media Group, che supervisiona la China Central Television (CCTV), la China National Radio (CNR) e la China Radio International (CRI), è sotto il diretto controllo del Dipartimento della Pubblicità. Anche i vari uffici dei "Gruppi dirigenti centrali", come l'Ufficio per gli affari di Hong Kong e Macao, l'Ufficio per gli affari di Taiwan e l'Ufficio centrale per le finanze, riferiscono al Comitato centrale durante una sessione plenaria. Inoltre, il PCC ha il controllo esclusivo sull'Esercito Popolare di Liberazione (PLA) attraverso la Commissione Militare Centrale.

Organizzazioni di livello inferiore

Dopo aver conquistato il potere politico, il PCC ha esteso il
sistema di comando del doppio partito-stato a tutte le
istituzioni governative, alle organizzazioni sociali e alle
entità economiche. Il Consiglio di Stato e la Corte Suprema
hanno ciascuno un gruppo di partito, istituito dal novembre
1949. I comitati di partito sono presenti in tutti gli organi
amministrativi dello Stato, nelle Conferenze di
consultazione del popolo e nelle organizzazioni di massa a
tutti i livelli. Sul modello del sistema della Nomenklatura
sovietica, il dipartimento organizzativo del comitato di
partito a ogni livello ha il potere di reclutare, formare,
monitorare, nominare e trasferire questi funzionari.

I comitati di partito esistono a livello di province, città,
contee e quartieri. Questi comitati svolgono un ruolo
chiave nel dirigere la politica locale, selezionando i leader
locali e assegnando compiti critici. Il segretario del Partito
a ogni livello ha un'anzianità superiore a quella del leader
del governo, mentre il comitato permanente del PCC è la
principale fonte di potere. I membri del Comitato del Partito
a ogni livello sono selezionati dalla leadership del livello
superiore, con i leader provinciali selezionati dal

Dipartimento centrale per l'organizzazione e non rimovibili dal segretario del Partito locale.

In teoria, tuttavia, i comitati di partito sono eletti dai congressi di partito al proprio livello. I congressi locali del partito dovrebbero tenersi ogni cinque anni, ma in circostanze straordinarie possono essere anticipati o posticipati. Tuttavia, tale decisione deve essere approvata dal livello superiore del comitato locale del partito. Il numero di delegati e le procedure per la loro elezione sono decisi dal comitato locale del partito, ma devono avere anche l'approvazione del comitato superiore del partito.

Un congresso di partito locale ha molti degli stessi compiti del Congresso nazionale, ed è responsabile dell'esame del rapporto del comitato locale del PCC al livello corrispondente; dell'esame del rapporto della Commissione locale per l'ispezione disciplinare al livello corrispondente; della discussione e dell'adozione di risoluzioni sulle principali questioni della zona in questione; dell'elezione del Comitato di Partito locale e della Commissione locale per l'ispezione disciplinare al livello corrispondente. I comitati di partito di "una provincia, una regione autonoma, una municipalità direttamente sotto il governo centrale, una città divisa in distretti o una prefettura autonoma [sono] eletti per un mandato di cinque anni" e comprendono membri effettivi e supplenti. I comitati di partito "di una contea, di una contea autonoma, di una città non divisa in distretti o di un distretto municipale [sono] eletti per un mandato di cinque anni", ma i membri effettivi e supplenti "devono avere una permanenza nel Partito di almeno tre anni". Se il Congresso locale del Partito si tiene prima o dopo la data stabilita, il mandato dei membri del Comitato del Partito viene ridotto o allungato di conseguenza.

I posti vacanti all'interno di un comitato di partito saranno occupati da membri supplenti secondo l'ordine di precedenza, che è determinato dal numero di voti ottenuti da un membro supplente durante la sua elezione. Un comitato di partito deve riunirsi per almeno due riunioni plenarie all'anno. Durante il suo mandato, un comitato di partito deve "eseguire le direttive delle organizzazioni di partito immediatamente superiori e le risoluzioni dei congressi di partito ai livelli corrispondenti". Il comitato permanente locale (analogo al Politburo centrale) viene eletto al primo plenum del comitato di partito corrispondente dopo il congresso locale del partito. Un

47

comitato permanente è responsabile nei confronti del comitato di partito del livello corrispondente e del comitato di partito del livello superiore. Un comitato permanente esercita i compiti e le responsabilità del comitato di partito corrispondente quando questo non è in sessione.

I comitati del PCC esistono all'interno delle aziende, sia private che statali. Le aziende che hanno più di tre membri del Partito sono obbligate per legge a istituire un comitato o una filiale.[227] Dal 2021, più della metà delle aziende private cinesi dispone di tali organizzazioni.[225] Queste filiali sono luoghi di socializzazione per i nuovi membri e ospitano eventi per il morale dei membri esistenti.[14] Inoltre, forniscono meccanismi che aiutano i dirigenti delle imprese private a conoscere le politiche governative relative ai loro settori.[225–226] In media, la redditività delle aziende private con una filiale del PCC è superiore del 12,6% rispetto alla redditività delle aziende private.[230]

All'interno delle imprese statali, queste filiali sono organi di governo che prendono decisioni importanti e inculcano l'ideologia del PCC ai dipendenti.[15]

Anche i comitati o le sezioni del partito all'interno delle aziende offrono vari benefici ai dipendenti.[228-229] Questi possono includere bonus, prestiti senza interessi, programmi di tutoraggio e servizi medici e di altro tipo gratuiti per chi ne ha bisogno.[228-229] Le imprese che hanno sedi di partito generalmente offrono ai dipendenti benefici più ampi in materia di pensione, assistenza medica, disoccupazione, infortuni, nascita e fertilità.[229]

Finanziamento

Il finanziamento di tutte le organizzazioni del PCC proviene principalmente dalle entrate fiscali dello Stato. Non sono disponibili dati sulla percentuale delle spese totali delle organizzazioni del PCC rispetto alle entrate fiscali totali della Cina. Tuttavia, occasionalmente i piccoli governi locali cinesi rilasciano tali dati. Ad esempio, il 10 ottobre 2016, il governo locale di Mengmao Township, città di Ruili, provincia dello Yunnan, ha pubblicato un rapporto sintetico sulle entrate e sulle spese fiscali per l'anno 2014. Secondo questo rapporto, le entrate fiscali ammontavano a 29.498.933,58 RMB e le spese dell'organizzazione del PCC ammontavano a 1.660.115,50 RMB, vale a dire che il 5,63% delle entrate fiscali viene utilizzato dal PCC per le

49

proprie operazioni. Questo valore è simile alla spesa per la sicurezza sociale e l'occupazione dell'intera città: 1.683.064,90 RMB.

Membri del CCP

Il PCC ha raggiunto 96,71 milioni di membri alla fine del 2021. È il secondo partito politico al mondo dopo il Bharatiya Janata Party dell'India.

Per entrare a far parte del PCC, un candidato deve passare attraverso un processo di approvazione.[53-56] Gli adulti possono presentare domanda di adesione presso la sezione locale del partito.[53] Segue un processo di preselezione, simile a un controllo del background.[53] Successivamente, i membri del partito della sezione locale verificano il comportamento e gli atteggiamenti politici dei candidati e possono fare una richiesta formale alla sezione del partito vicina alla residenza dei genitori del candidato per verificare la fedeltà della famiglia al comunismo e al partito.[53] Nel 2014 sono state accettate solo 2 milioni di domande su circa 22 milioni di richiedenti. I membri ammessi trascorrono poi un anno come membri in prova. I membri in prova vengono generalmente accettati nel partito.[55]

A differenza del passato, quando l'enfasi era posta sui criteri ideologici dei candidati, l'attuale PCC pone l'accento

51

sulle qualifiche tecniche ed educative. Per diventare un membro in prova, il candidato deve prestare un giuramento di ammissione davanti alla bandiera del partito. L'organizzazione del PCC competente è responsabile dell'osservazione e dell'educazione dei membri in prova. I membri in prova hanno compiti simili a quelli dei membri effettivi, con l'eccezione che non possono votare alle elezioni del partito né candidarsi. Molti aderiscono al PCC attraverso la Lega della Gioventù Comunista. Sotto Jiang Zemin, gli imprenditori privati potevano diventare membri del partito. Secondo la costituzione del PCC, in breve, un membro deve seguire gli ordini, essere disciplinato, sostenere l'unità, servire il Partito e il popolo e promuovere lo stile di vita socialista. I membri hanno il privilegio di partecipare alle riunioni del Partito, di leggere i documenti rilevanti del Partito, di ricevere l'istruzione del Partito, di partecipare alle discussioni del Partito attraverso i giornali e le riviste del Partito, di fare suggerimenti e proposte, di fare "critiche fondate a qualsiasi organizzazione o membro del Partito durante le riunioni del Partito" (anche alla leadership centrale del Partito), di votare e di candidarsi alle elezioni, di opporsi e di criticare le risoluzioni del Partito ("a condizione di attuare risolutamente la risoluzione o la politica finché è in vigore"); e hanno la

52

possibilità di "presentare qualsiasi richiesta, appello o reclamo alle organizzazioni superiori del Partito, fino al Comitato centrale, e chiedere alle organizzazioni interessate una risposta responsabile"." Nessuna organizzazione di partito, compresa la leadership centrale del PCC, può privare un membro di questi diritti.

Al 30 giugno 2016, gli individui che si identificano come agricoltori, pastori e pescatori sono 26 milioni; i membri che si identificano come lavoratori sono 7,2 milioni. Un altro gruppo, il "Personale direttivo, professionale e tecnico delle imprese e delle istituzioni pubbliche", era composto da 12,5 milioni, 9 milioni si identificavano come personale amministrativo e 7,4 milioni si descrivevano come quadri di partito.

Nel 2021, i membri del PCC erano diventati più istruiti, più giovani e meno operai rispetto al passato. Nel 2022, circa il 30-35% degli imprenditori cinesi sono o sono stati membri del Partito.[13]

28,43 milioni di donne sono membri del PCC (meno di un terzo del partito). Le donne in Cina hanno un basso tasso di partecipazione come leader politici. Lo svantaggio delle

donne è più evidente nella loro grave
sottorappresentazione nelle posizioni politiche più potenti.
Al massimo livello decisionale, nessuna donna è mai stata
tra i nove membri del Comitato permanente del Politburo
del Partito Comunista. Solo 3 dei 27 ministri del governo
sono donne e, cosa importante, dal 1997 la Cina è scesa
al 53° posto dal 16° del mondo in termini di
rappresentanza femminile nel suo parlamento,
l'Assemblea nazionale del popolo, secondo l'Unione
interparlamentare. Leader del PCC come Zhao Ziyang si
sono opposti con forza alla partecipazione delle donne al
processo politico. All'interno del partito le donne devono
affrontare un soffitto di vetro.

Lega della gioventù comunista

La Lega della Gioventù Comunista (CYL) è l'ala giovanile
del PCC e la più grande organizzazione di massa per i
giovani in Cina. Secondo la costituzione del PCC, la Lega
della Gioventù Comunista è "un'organizzazione di massa
di giovani avanzati sotto la guida del Partito Comunista
Cinese; funziona come una scuola di partito dove un gran
numero di giovani impara a conoscere il socialismo con
caratteristiche cinesi e il comunismo attraverso la pratica; è

l'assistente e la forza di riserva del Partito". Per entrare a farne parte, i candidati devono avere un'età compresa tra i 14 e i 28 anni. Il CYL controlla e supervisiona i Giovani Pionieri, un'organizzazione giovanile per bambini di età inferiore ai 14 anni. La struttura organizzativa del CYL è una copia esatta di quella del PCC: l'organo più alto è il Congresso nazionale, seguito dal Comitato centrale, dal Politburo e dal Comitato permanente del Politburo. Tuttavia, il Comitato centrale (e tutti gli organi centrali) del PCC lavorano sotto la guida della leadership centrale del PCC. Pertanto, in una situazione particolare, gli organi del CYL sono al tempo stesso responsabili nei confronti di organi superiori all'interno del CYL e del PCC, un'organizzazione distinta. Al 17° Congresso nazionale (tenutosi nel 2013), la CYL contava 89 milioni di membri.

Simboli del PCC

All'inizio della sua storia, il PCC non aveva un unico standard ufficiale per la bandiera, ma permetteva ai singoli comitati di partito di copiare la bandiera del Partito Comunista dell'Unione Sovietica. Il 28 aprile 1942 il Politburo centrale decretò l'istituzione di un'unica bandiera ufficiale: "La bandiera del PCC ha una proporzione lunghezza-larghezza di 3:2 con falce e martello nell'angolo superiore sinistro e senza stella a cinque punte. L'Ufficio politico autorizza l'Ufficio generale a realizzare un certo numero di bandiere standard e a distribuirle a tutti gli organi principali".

Secondo il *Quotidiano del Popolo*, "la bandiera standard del partito è lunga 120 centimetri (cm) e larga 80 cm. Al centro dell'angolo superiore sinistro (a un quarto della lunghezza e della larghezza del bordo) si trova una falce e martello gialla di 30 cm di diametro. La manica della bandiera (orlo dell'asta) è bianca e larga 6,5 cm. La dimensione dell'orlo dell'asta non è inclusa nella misura della bandiera. Il colore rosso simboleggia la rivoluzione; il martello e la falce sono strumenti degli operai e dei contadini, a significare che il Partito Comunista Cinese rappresenta gli interessi delle masse e del popolo; il colore giallo significa luminosità". In totale la bandiera ha cinque dimensioni, le quali sono "n. 1: 388 cm di lunghezza e 192 cm di larghezza; n. 2: 240 cm di lunghezza e 160 cm di larghezza; n. 3: 192 cm di lunghezza e 128 cm di larghezza; n. 4: 144 cm di lunghezza e 96 cm di larghezza; n. 5: 96 cm di lunghezza e 64 cm di larghezza".

Il 21 settembre 1966, l'Ufficio generale del PCC ha emanato il "Regolamento sulla produzione e l'uso della bandiera e dell'emblema del PCC", in cui si afferma che l'emblema e la bandiera sono i simboli e i segni ufficiali del Partito. L'articolo 53 della Costituzione del PCC afferma che "l'emblema e la bandiera del Partito sono il simbolo e l'insegna del Partito Comunista Cinese".

Fazioni

L'esistenza di fazioni in Cina non è controversa. Edgar Snow riporta le opinioni degli alti dirigenti comunisti sulle fazioni all'inizio degli anni Trenta (pp. 169, 176, 359). William Whitson ipotizza che la leadership militare del Partito riconoscesse l'esistenza di fazioni "basate su legami storici di fiducia e sicurezza reciproca" (p. 514) e che usasse questa comprensione per determinare gli incarichi. Egli ritiene che le fazioni fossero limitate ai livelli più elitari e non si estendessero necessariamente lungo i ranghi. Durante la Rivoluzione culturale, invece, le fazioni erano sia verticali che diffuse.

Tra i tratti condivisi che possono favorire lo sviluppo della lealtà di fazione vi sono l'origine provinciale (lingua, dialetto, cucina), l'esperienza storica condivisa (la Lunga Marcia, ad esempio) e il combattimento. Lucian Pye considera le fazioni come "relazioni personali e particolaristiche che assicurano che non si è solo una parte del gregge comune, ma che si hanno legami speciali sia con i superiori che con gli inferiori" (p. N14). Lowell Dittmer, e altri, notano l'esistenza di fazioni in tutta la politica dell'Asia orientale. Nel Partito Comunista Cinese, le epurazioni degli anni '50, '60 e '70 supportano l'idea che i leader cinesi conoscessero e manipolassero le fazioni. I generali He Long e Peng Dehuai videro i loro seguaci emarginati prima del GPCR, così come la parte del partito guidata da Liu Shaoqi negli anni Sessanta. Dopo la morte di Mao Zedong (settembre 1976), la Banda dei Quattro fu epurata da un allineamento di fazioni guidate da vecchi soldati, commissari politici, anziani del partito e burocrati.

59

- La banda dei quattro

- Nuovo esercito di Zhijiang

- Princelini

- La cricca di Tsinghua

- Cricca di Shanghai

- Tuanpai

- Società Xishan

Relazioni tra partiti

Il Dipartimento di collegamento internazionale del PCC è responsabile del dialogo con i partiti politici mondiali.

Partiti comunisti

Il PCC continua ad avere rapporti con i partiti comunisti e operai non al potere e partecipa alle conferenze comuniste internazionali, in particolare all'Incontro internazionale dei partiti comunisti e operai. Mentre il PCC mantiene i contatti con i principali partiti come il Partito Comunista del Portogallo, il Partito Comunista di Francia, il Partito Comunista della Federazione Russa, il Partito Comunista di Boemia e Moravia, il Partito Comunista del Brasile, il Partito Comunista della Grecia, il Partito Comunista del Nepal e il Partito Comunista di Spagna, il partito mantiene anche relazioni con partiti comunisti e operai minori, come il Partito Comunista d'Australia, il Partito dei Lavoratori del Bangladesh, il Partito Comunista del Bangladesh (Marxista-Leninista) (Barua), il Partito Comunista dello Sri Lanka, il Partito dei Lavoratori del Belgio, il Partito dei Lavoratori Ungherese, il Partito dei Lavoratori Dominicano, il Partito dei Lavoratori e Contadini del Nepal e il Partito per la Trasformazione dell'Honduras. Negli ultimi anni, prendendo atto dell'autoriforma del movimento socialdemocratico europeo negli anni '80 e '90, il PCC "ha notato la crescente marginalizzazione dei partiti comunisti dell'Europa occidentale".

Partiti di governo degli Stati socialisti

Il PCC ha mantenuto strette relazioni con i partiti di governo degli Stati socialisti che ancora sposano il comunismo: Cuba, Laos, Corea del Nord e Vietnam. Il documento dedica una discreta quantità di tempo all'analisi della situazione dei rimanenti Stati socialisti, cercando di giungere a conclusioni sul perché questi Stati siano sopravvissuti mentre molti non lo sono stati, dopo il crollo degli Stati socialisti dell'Europa orientale nel 1989 e la dissoluzione dell'Unione Sovietica nel 1991. In generale, le analisi degli Stati socialisti rimasti e delle loro possibilità di sopravvivenza sono state positive e il PCC ritiene che il movimento socialista sarà rivitalizzato in futuro.

Il partito al potere a cui il PCC è maggiormente interessato è il Partito Comunista del Vietnam (CPV). In generale, il PCV è considerato un esempio di sviluppo socialista nell'era post-sovietica. Gli analisti cinesi sul Vietnam ritengono che l'introduzione della politica di riforma Doi Moi al 6° Congresso nazionale del PCV sia la ragione principale dell'attuale successo del Vietnam.

Mentre il PCC è probabilmente l'organizzazione che ha più accesso alla Corea del Nord, la scrittura sulla Corea del Nord è strettamente circoscritta. I pochi rapporti accessibili al grande pubblico sono quelli sulle riforme economiche nordcoreane. Mentre gli analisti cinesi della Corea del Nord tendono a parlarne positivamente in pubblico, nelle discussioni ufficiali, verso il 2008, mostrano molto disprezzo per il sistema economico della Corea del Nord, per il culto della personalità che pervade la società, per la famiglia Kim, per l'idea di successione ereditaria in uno Stato socialista, per lo Stato di sicurezza, per l'uso delle scarse risorse dell'Esercito Popolare Coreano e per l'impoverimento generale del popolo nordcoreano. Verso il 2008, ci sono analisti che paragonano la situazione attuale della Corea del Nord a quella della Cina durante la Rivoluzione culturale. Nel corso degli anni, il PCC ha cercato di convincere il Partito dei Lavoratori di Corea (o WPK, il partito al governo della Corea del Nord) a introdurre riforme economiche mostrando loro le principali infrastrutture economiche della Cina. Ad esempio, nel 2006 il PCC ha invitato l'allora segretario generale del WPK Kim Jong-il nel Guangdong per mostrare il successo che le riforme economiche avevano portato alla Cina. In generale, il PCC considera il WPK e la Corea del Nord come esempi negativi di un partito comunista e di uno Stato socialista al potere.

All'interno del PCC c'è un notevole interesse per Cuba. Fidel Castro, l'ex primo segretario del Partito Comunista di Cuba (PCC), è molto ammirato e sono stati scritti libri sui successi della rivoluzione cubana. La comunicazione tra il PCC e il PCC è aumentata a partire dagli anni Novanta. Durante la quarta sessione plenaria del 16° Comitato centrale, in cui si è discusso della possibilità per il PCC di imparare da altri partiti al potere, sono state spese parole di elogio per il PCC. Quando Wu Guanzheng, membro del Politburo centrale, ha incontrato Fidel Castro nel 2007, gli ha consegnato una lettera personale scritta da Hu Jintao: "I fatti hanno dimostrato che Cina e Cuba sono buoni amici affidabili, buoni compagni e buoni fratelli che si trattano con sincerità. L'amicizia tra i due Paesi ha resistito alla prova di una situazione internazionale mutevole e si è ulteriormente rafforzata e consolidata".

64

Partiti non comunisti

Dopo il declino e la caduta del comunismo in Europa orientale, il PCC ha iniziato a stabilire relazioni tra partiti con partiti non comunisti. Queste relazioni sono ricercate affinché il PCC possa imparare da loro. Ad esempio, il PCC è desideroso di capire come il Partito d'Azione Popolare di Singapore (PAP) mantenga il suo dominio totale sulla politica singaporiana attraverso la sua "presenza di basso profilo, ma con un controllo totale". Secondo l'analisi del PCC su Singapore, il dominio del PAP si spiega con la sua "rete sociale ben sviluppata, che controlla efficacemente i collegi elettorali estendendo i suoi tentacoli in profondità nella società attraverso i rami del governo e i gruppi controllati dal partito". Pur ammettendo che Singapore è una democrazia liberale, il PCC la vede come una democrazia guidata dal PAP. Altre differenze sono, secondo il PCC, "che non è un partito politico basato sulla classe operaia, ma è un partito politico dell'élite. ... È anche un partito politico del sistema parlamentare, non un partito rivoluzionario". Altri partiti che il PCC studia e con cui mantiene forti relazioni di partito sono la United Malays National Organization, che ha governato la Malesia (1957-2018, 2020-2022), e il Partito Liberal Democratico in

Giappone, che ha dominato la politica giapponese dal 1955.

Sin dall'epoca di Jiang Zemin, il PCC ha fatto delle aperture amichevoli al suo ex nemico, il Kuomintang. Il PCC enfatizza le forti relazioni tra i partiti con il KMT per rafforzare le probabilità di riunificazione di Taiwan con la Cina continentale. Tuttavia, sono stati scritti diversi studi sulla perdita di potere del KMT nel 2000, dopo aver governato Taiwan dal 1949 (il KMT ha ufficialmente governato la Cina continentale dal 1928 al 1949). In generale, gli Stati a partito unico o gli Stati a partito dominante sono di particolare interesse per il partito e le relazioni tra partiti sono formate in modo che il PCC possa studiarli. La longevità del ramo regionale siriano del Partito Ba'ath Socialista Arabo è attribuita alla personalizzazione del potere nella famiglia al-Assad, al forte sistema presidenziale, all'ereditarietà del potere, passato da Hafez al-Assad al figlio Bashar al-Assad, e al ruolo attribuito ai militari siriani in politica.

Dal 2008 circa, il PCC è particolarmente interessato all'America Latina, come dimostra il numero crescente di delegati inviati e ricevuti da questi Paesi. Il PCC è particolarmente affascinato dai 71 anni di governo del Partito Rivoluzionario Istituzionale (PRI) in Messico. Mentre il PCC ha attribuito il lungo regno del PRI al forte sistema presidenziale, sfruttando la cultura machista del Paese, la sua posizione nazionalista, la sua stretta identificazione con la popolazione rurale e l'attuazione della nazionalizzazione insieme alla commercializzazione dell'economia, il PCC ha concluso che il PRI ha fallito a causa della mancanza di democrazia interna al partito, del suo perseguimento della socialdemocrazia, delle sue rigide strutture di partito che non potevano essere riformate, della corruzione politica, della pressione della globalizzazione e dell'interferenza americana nella politica messicana. Sebbene il PCC abbia tardato a riconoscere la marea rosa in America Latina, nel corso degli anni ha rafforzato le relazioni tra partiti con diversi partiti politici socialisti e antiamericani. Il PCC ha occasionalmente espresso una certa irritazione per la retorica anticapitalista e antiamericana di Hugo Chávez. Nonostante ciò, nel 2013 il PCC ha raggiunto un accordo con il Partito Socialista Unito del Venezuela (PSUV), fondato da Chávez, affinché il PCC istruisca i quadri del PSUV in ambito politico e sociale. Nel 2008, il PCC aveva dichiarato di aver stabilito relazioni con 99 partiti politici in 29 Paesi dell'America Latina.

I movimenti socialdemocratici in Europa sono stati di grande interesse per il PCC fin dai primi anni Ottanta. Con l'eccezione di un breve periodo in cui il PCC ha stretto relazioni di partito con i partiti di estrema destra durante gli anni '70, nel tentativo di fermare l'"espansionismo sovietico", le relazioni del PCC con i partiti socialdemocratici europei hanno rappresentato il suo primo serio tentativo di stabilire cordiali relazioni di partito con i partiti non comunisti. Il PCC attribuisce ai socialdemocratici europei il merito di aver creato un "capitalismo dal volto umano". Prima degli anni '80, il PCC aveva una visione estremamente negativa e sprezzante della socialdemocrazia, una visione che risaliva alla Seconda Internazionale e alla visione marxista-leninista del movimento socialdemocratico. Negli anni '80, questa visione era cambiata e il PCC era giunto alla conclusione di poter imparare qualcosa dal movimento socialdemocratico. I delegati del PCC furono inviati in tutta Europa per osservare. Negli anni '80, la maggior parte dei partiti socialdemocratici europei era in declino elettorale e in fase di autoriforma. Il PCC seguì questo fenomeno con

68

grande interesse, dando maggior peso agli sforzi di riforma del Partito laburista britannico e del Partito socialdemocratico tedesco. Il PCC è giunto alla conclusione che entrambi i partiti sono stati rieletti perché si sono modernizzati, sostituendo i tradizionali principi del socialismo di Stato con nuovi principi che sostengono la privatizzazione, abbandonando la fede nel big government, concependo una nuova visione dello Stato sociale, cambiando la loro visione negativa del mercato e spostandosi dalla loro tradizionale base di sostegno dei sindacati agli imprenditori, ai giovani e agli studenti.

69

www.ingramcontent.com/pod-product-compliance
Lightning Source LLC
LaVergne TN
LVHW021233200726
843509LV00012B/1478